Les Chabadas

Crédits photographiques : pp. 66-67 (image du fond) ©paylessimages/iStock ;
pp. 68-69 (image du fond) ©JSSIII/iStock

ISBN 978-2-410-01202-6
Loi 49-956 du 16 juillet 1949 sur les publications destinées à la jeunesse

Daniel Picouly
Colonel Moutarde

L'incroyable Odyssée d'Ulysse

Belin Jeunesse

LES CHABADAS
Pym's
Persan
Colette
Z'yeux d'or
Accroche-cœur
Lagriff'

Bogart
Blanche
Bébert
LES MATOUVUS
Tignasse
ZonZon
Poivre-et-sel

Chapitre 1

L'île de Chahitak

En ces temps anciens où les hommes et les dieux vivent ensemble, il existe une île réputée pour sa douceur et son hospitalité : l'île de Chahitak.

C'est ici que sont installés depuis toujours les Chabadas au cœur d'airain. Une bande d'amis inséparables.

Chaque jour, ils savourent les petits plaisirs de la vie : manger, se prélasser en regardant la mer, dormir, et recommencer le lendemain, et le lendemain encore.

Il en aurait été ainsi jusqu'à la fin des temps si un événement extraordinaire n'avait bousculé leur destin : le retour d'Ulysse !

Il y a quelques années, Ulysse aux bras puissants, heureux époux de Pénélope, fut le premier citoyen à quitter Chahitak. Personne n'avait compris pourquoi.

Et voilà qu'il revient, plein d'usage et de raison, mais surtout plein d'histoires extraordinaires à raconter.

Face à la mer qui n'en perd pas une miette, les Chabadas fascinés l'écoutent faire le récit d'une ville perchée sur une montagne, d'un cheval aussi haut que des remparts, d'un cyclope dévorant les voyageurs trop curieux, de sirènes aux doux chants de miel et de bien d'autres aventures qui les empêchent de dormir la nuit et les font rêver le jour.

– Je crois que nous sommes trop heureux ici !

Pym's fait sursauter les Chabadas en pleine sieste.

– Trop heureux ! Quelle drôle d'idée, Pym's ! Comment peut-on être **TROP** heureux ?

– Colette, que connaissons-nous du monde en dehors de Chahitak ?

Les Chabadas ne savent pas quoi répondre, alors ils essaient de rassembler tous leurs souvenirs d'aventures...

– Moi, un jour, je suis descendu jusqu'au port pour acheter du poisson...

– Moi, j'ai vu partir un bateau pour l'île d'en face...

– Moi, j'ai goûté un fruit inconnu venu d'un pays lointain...

– Moi, j'ai écouté un marin chanter une chanson dans une langue étrange et belle...

– Moi, un jour, j'ai presque failli me disputer avec quelqu'un...

– Stop, les amis ! Vous rendez-vous compte ? Nous n'aurons rien à raconter d'intéressant à nos descendants. Que restera-t-il de nous ?

– Mais que veux-tu qu'on fasse ? On ne va pas inventer des catastrophes !

– Bogart a raison. On ne peut même pas demander aux dieux de nous punir, on n'a pas d'ennemis à Chahitak !

– Eh oui, Blanche, tout le monde nous aime, c'est désespérant !

– Et si on se battait entre nous, Persan ?

– Ça, c'est idiot, Bébert…

– Dans ce cas, il n'y a qu'une question à se poser : est-ce que cela peut continuer ainsi ?

– **NON !**

Le cri est unanime et si puissant qu'il monte jusqu'aux oreilles des dieux. Poséidon, le maître des Mers, lève une tempête formidable pour mettre en garde les Chabadas : il les accompagnera dans leurs aventures sans plus de **FUREUR** ni de **FAVEUR** que pour les autres mortels.

– Alors, Pym's, tu as une idée ?

– Allons demander conseil à Ulysse !

NON!

Chapitre 2

La colère de Poséidon

Ulysse reçoit les Chabadas en haut du phare planté au bout du port de Chahitak.

– Pourquoi voulez-vous partir à l'aventure, les Chabadas ?

– Pour découvrir de nouveaux pays, des peuples inconnus…

– C'est toujours ce qu'on raconte, Pym's. Mais dis-moi plutôt la vérité, sinon je ne pourrai pas vous aider.

Les Chabadas se concertent. Ils sont embarrassés. Comment avouer la vérité à Ulysse, le héros aux mille exploits qui a bravé mille et un dangers ? Ulysse leur vient en aide.

– Avouez, les Chabadas… vous vous ennuyez à Chahitak.

– Non... Euh... Enfin... Pas vraiment...

– En vérité : si, Ulysse ! Nous nous ennuyons à Chahitak.

Pym's et ses amis craignent la réaction d'Ulysse.

– Merci, les Chabadas. Vous me rassurez. Moi aussi, je suis parti de Chahitak parce que je m'ennuyais. C'est fatigant à la longue de vivre dans un paradis terrestre.

– Nous aimerions **PRENDRE LE LARGE**. Mais nous ne connaissons rien à la mer et on dit que Poséidon punit ceux qui n'en ont pas la science.

– C’est vrai.

– Alors c’est sans espoir !

– J’ai peut-être une solution...

Les Chabadas restent suspendus aux lèvres d’Ulysse.

– EMMENEZ-MOI !

Les Chabadas ne sont pas certains d’avoir bien entendu.

– Vous, Ulysse, vous voulez quitter Chahitak, alors que vous venez tout juste d’y revenir ?

– Eh bien, oui, l’aventure me manque. Vous verrez, quand on y a goûté, il est difficile de s’en passer.

C’est tout vu. Les Chabadas sont convaincus : ils partent avec Ulysse ! Il leur donne rendez-vous au port le lendemain.

PREMIÈRE ÉTAPE : trouver un bateau ! Pas si facile pour un Chabadas qui ne fait pas la différence entre un navire marchand et un vaisseau de guerre. Ulysse finit par en repérer un.

– *Le Chitanik*, il a l'air pas mal. Normalement, il ne devrait pas couler avant la sortie du port…

Voilà qui n'est pas très rassurant. Sans compter qu'Ulysse décide de commencer la formation de marin des Chabadas sur-le-champ !

Un véritable désastre !

C'est à qui vomira le premier, se prendra les pieds dans les cordages, sera assommé par une rame, lâchera le gouvernail ou tombera à l'eau.

Pourtant, Ulysse semble ravi.

– Parfait, les Chabadas ! Je crois que vous formez le pire équipage que j'aie jamais vu. Cela nous promet de belles frayeurs et de jolis naufrages. Dormez bien cette nuit. Nous partons demain !

Dormir ? **IMPOSSIBLE !** Les Chabadas sont réveillés par d'effroyables cauchemars, où des monstres les entraînent au fond des mers pour les dévorer.

Au lever du jour, c'est une bande de fantômes qui embarque sur *Le Chitanik*, sous les ordres d'un Ulysse en pleine forme.

– **AVENTURE, NOUS VOILÀ !**

Par miracle, *Le Chitanik* sort du port sans se fracasser contre la jetée. Mais à peine a-t-il atteint la pleine mer que Poséidon le repère empêtré dans les vagues et le vent.

Le dieu lance une tempête si soudaine et si violente qu'on ne peut plus distinguer la mer du ciel, et l'écume des nuages. *Le Chitanik* n'est plus qu'un bouchon au bout d'une ficelle avec lequel Poséidon s'amuse comme un chat. Bientôt, le dieu se lasse et l'équipage se fracasse au pied d'une haute falaise.

Ainsi s'achève la triste et brève aventure d'Ulysse et des Chabadas…

Chapitre 3

Troie-Quatorze, la cité antique

Pas tout à fait. La mer veut connaître la suite !

Une énorme vague déferle sur la plage et réveille les Chabadas évanouis. Leur *Chitanik* n'est plus qu'une épave et Ulysse ne va pas mieux. Les bras au ciel, il parle à la haute falaise.

– Troie-Quatorze, ô glorieuse cité antique, accueille ces humbles naufragés !

Pym's s'inquiète.

– Vous parlez à la falaise, Ulysse ?

– Ce n’est pas une falaise, ce sont les remparts de la ville de Troie-Quatorze, encore plus vaste et plus puissante que la mythique ville de Troie. Ces immenses bannières au « Z » triomphant indiquent que la ville vient d’être prise par les Matouvus et leur cruelle chef Z’yeux d’or. Ne traînons pas, les guetteurs ont déjà dû nous repérer.

Bébert n’est pas d’accord.

– Au contraire, affrontons ces Matouvus au cœur de pierre ! Nous ne sommes pas partis de Chahitak pour nous cacher dans le premier trou de souris. Montrons-leur notre courage !

– La retraite est souvent le courage du sage.

Pym's approuve :

– Suivons le conseil d'Ulysse. Nous sommes épuisés et sans armes. Nous n'avons aucune chance. Nous reviendrons.

TROP TARD !

Il pleut des Matouvus ! Du haut des remparts, ils dégringolent suspendus à des cordes. Ils encerclent les Chabadas et Ulysse, en les menaçant de leurs lances.

Un Matouvus s'avance.

– Étrangers ! Vous avez violé la terre sacrée de nos ancêtres. Moi, Lagriff' aux exploits innombrables, je suis chargé par NMT, Notre Maîtresse à Tous, de vous signifier votre condamnation à mort !

Colette proteste.

– Poséidon vient de nous accorder la vie sauve, vous n'avez pas le droit de nous la reprendre !

– C'est vrai, c'est la loi des dieux. Mais en réparation de votre offense, NMT a droit à une vie parmi les vôtres.

– Prenez la mienne !

– Non, la mienne...

– Plutôt moi ! Je suis le plus vieux...

– Non, c'est moi... Tu es né quand ?

– **ASSEZ !**

Z'yeux d'or apparaît sur les remparts.

– Ne vous battez pas pour mourir. J'ai déjà fait mon choix. Ce sera... **ELLE !**

Z'yeux d'or désigne Blanche.

Bébert proteste :

– Pourquoi toujours les filles ?

– Votre tour viendra, messieurs. **SAISISSEZ-LA !**

Les Chabadas n'ont pas le temps d'esquisser le moindre geste.

Blanche est bâillonnée, ligotée et enlevée dans les airs jusqu'à Z'yeux d'or.

– Blanche, c'est gentil de te sacrifier pour tes amis. Sois fière, tu seras une jolie pièce dans ma collection.

Pym's menace Z'yeux d'or.

– Si tu touches à Blanche, tu devras le payer !

– Mon pauvre Ulysse, tu as bien mal choisi tes nouveaux compagnons. Ils vont regretter de ne pas être restés à Chahitak. Adieu !

Z'yeux d'or disparaît avec Blanche, suivie de ses Matouvus.

Les Chabadas sont abattus. Pym's réfléchit.

– Ulysse, sais-tu de quelle collection parlait Z'yeux d'or ?

– NMT collectionne les chats sous toutes leurs formes : peintures, sculptures ou simples objets du quotidien. On lui en offre dans tout le pays !

– Intéressant... Et si nous aussi, nous faisions un joli cadeau à Z'yeux d'or ?

Chapitre 4

Le Méga-Chat

– **UN JOLI CADEAU !** Pym's, tu veux faire un joli cadeau à Z'yeux d'or, alors qu'elle vient de capturer Blanche ?

Colette est folle de rage et tous les Chabadas avec elle. Ulysse tente de les calmer.

– Je comprends votre colère, mais ne condamnez pas si vite votre ami, prenez le temps de l'écouter.

– Le plus urgent, c'est de libérer Blanche, par tous les moyens. Un Chabadas jamais n'abandonne un Chabadas !

La bande reprend en chœur le cri de guerre de Pym's.

– Qu'est-ce que tu proposes, Bébert ?

– C'est simple, Pym's ! On se lance à l'assaut de la ville, on enfonce la porte, on pulvérise les Matouvus et leur chef, on libère Blanche et on quitte ce pays de sauvages : facile !

Les Chabadas restent silencieux, la tête basse. Bébert les comprend. Son plan n'est pas très réaliste. Il vaut mieux écouter ce que Pym's propose.

– Souvenez-vous de l'histoire qu'Ulysse nous a racontée à son retour.

– Laquelle ?

– Celle du cheval de Troie, Persan.

– Pym's, tu veux construire un cheval ?

– Non, Bogart… un chat !

Ulysse sourit. Lui a compris.

Les Chabadas ont encore besoin d'explications.

– Z'yeux d'or collectionne les chats. Nous allons lui offrir le plus beau et le plus grand de sa collection. Ce sera un Méga-Chat ! Il sera très précieux, car à l'intérieur, il y aura…

– **NOUS !**

Cette fois, les Chabadas ont compris le plan de Pym's. Un plan génial, mais très dangereux. S'ils sont découverts, ils n'ont aucune chance de s'en tirer.

Mais la vie de Blanche passe avant tout ! Les Chabadas se mettent immédiatement au travail sous la conduite d'Ulysse. Ils ramassent tout le bois rejeté par la mer et la construction du Méga-Chat commence. Ils en profitent aussi pour réparer *Le Chitanik*.

Du haut de leurs remparts, les Matouvus se demandent ce que fabriquent ces étranges Chabadas. Cela ne ressemble ni à un bateau, ni à un chariot, ni à une maison... Mais le lendemain matin, il n'y a pas de doute : c'est **UN CHAT**.

Ils courent prévenir Z'yeux d'or. Elle se précipite.

C'est bien un chat, un énorme chat avec un ruban cadeau autour du cou. Il attend, abandonné sur la plage au pied des remparts.

Z'yeux d'or est tout excitée.

– **VITE ! REMONTEZ-LE !**

À l'intérieur, les Chabadas et Ulysse se font les plus légers possible. Ils entendent les Matouvus souffler, peiner à la tâche et maudire ce chat lourd comme mille ânes morts.

À chaque instant, les Chabadas craignent que les Matouvus ne lâchent les cordes, ou qu'elles se rompent. Alors, ils chuteraient et s'écraseraient au pied de la falaise.

Enfin, le **MÉGA-CHAT** est hissé sur le chemin de ronde, en haut des remparts. Au même moment, la nuit tombe, encore plus fatiguée que les Matouvus qui, eux, tombent de fatigue sur place.

Pas les Chabadas. Ils en profitent pour se glisser hors du Méga-Chat et se répandent dans la ville de Troie-Quatorze endormie. Ils cherchent Blanche jusque dans les cachots du palais, mais ils ne la trouvent pas. Les Chabadas ont peur.

Et s'ils étaient arrivés trop tard ?

– ELLE EST LÀ !

Colette découvre Blanche au fond d'une immense salle remplie de centaines de chats de toutes sortes. Blanche est attachée à un poteau devant une sculpture d'elle inachevée.

– Franchement, les amis ! Vous trouvez que ça me ressemble ?

– Ce n'est pas le moment, Blanche !

– C'est quoi, ce drôle d'endroit ?

– C'est le musée personnel de Z'yeux d'or, Persan. Et la statue, c'est **MOI**. Figurez-vous qu'elle me voulait dans son musée, avant de me jeter des remparts ! Heureusement que vous êtes arrivés à temps !

– Parfaitement, les Chabadas ! Vous êtes **ARRIVÉS À TEMPS** pour... tomber dans mon piège !

Chapitre 5

De pire en pire

Z'yeux d'or est là ! Entourée de ses Matouvus en armes.

– Vous m'avez beaucoup déçue, les Chabadas, mais Ulysse encore plus. Comment avez-vous pu imaginer que je ne connaissais pas la ruse du cheval de Troie ? Je l'ai retournée contre vous : vous êtes prisonniers dans une ville dont jamais personne ne s'est évadé ! Et en plus, vous ajoutez une très belle pièce à ma collection. Que pourrais-je demander de plus ?

– Une petite bagarre.

– Pardon ?

Z'yeux d'or est interloquée.

Bébert s'avance vers elle.

– Bravo, NMT ! Vous êtes rusés et fourbes, les Matouvus, mais êtes-vous courageux ?

– Misérable ! Comment peux-tu en douter ?

– Il n'y a pas de courage, seulement des preuves de courage. Prêts pour une petite bagarre, les Chabadas ?

Le musée de Z'yeux d'or se transforme en champ de bataille. Des dizaines et des dizaines de chats regardent d'autres chats se voler dans les poils, s'arracher griffes et moustaches, s'épouiller, s'écorcher vif.

UN SACRÉ SPECTACLE !

Les Matouvus sont ratatinés, moulus, aplatis.

Z'yeux d'or, mauvaise joueuse, a du mal à l'admettre.

– C'est une petite victoire inutile… De toute façon, vous ne pourrez jamais sortir de la ville. À moins que vous ne soyez des CHABADAS VOLANTS.

Z'yeux d'or et les Matouvus se tire-bouchonnent de rire.

– Merci pour l'idée ! Suivez-moi, les Chabadas !

Pym's court jusqu'aux remparts, empoigne une bannière, et se jette dans le vide…

– ÔÔÔÔHHH !

Pym's est mort, c'est sûr.

NON ! Le voilà qui plane haut et fier, grâce à sa bannière qui lui fait une aile de géant.

Un à un, les Chabadas et Ulysse l'imitent.

Une véritable escadrille multicolore de chats volant dans le ciel !

– Pym's, est-ce que je vous ai déjà raconté l'histoire d'Icare ?

– Ce n'est pas le moment, Ulysse.

Chacun atterrit comme il peut sur la plage.

Puis tous embarquent en catastrophe sur *Le Chitanik*.

Dès que le bateau prend le large, les Chabadas soulagés envoient des coucous moqueurs aux Matouvus, qui prennent toutes les couleurs de la rage.

La mer est accueillante. *Le Chitanik* file à belle allure. Debout à la proue, Ulysse veille.

– Attention, nous allons devoir affronter deux dangers mortels redoutés par tous les marins : Charybde, le tourbillon vorace qui va tenter de nous aspirer, et Scylla, le rocher tranchant prêt à éventrer notre bateau.

Le Chitanik est ballotté, tiraillé, écartelé, sur le point de céder, mais non, il garde son cap et franchit les deux terribles obstacles.

– Nous l'avons échappé belle !

– Pas encore, Pym's. Cette île devant nous est celle des sirènes. Leurs chants sont si doux que les hommes se jettent à la mer pour les rejoindre. Et ceux qui ne se noient pas… sont dévorés.

– Comment leur résister ?

– Il faut s'attacher au bateau et se boucher les oreilles, Bébert.

Les Chabadas obéissent à Ulysse, mais les chants des sirènes sont si mélodieux qu'ils ne cessent de se débattre pour sauter à l'eau.

C'est la panique sur *Le Chitanik* !

Les Chabadas vont tous périr... À moins que...

Totalement insensibles aux chants des sirènes, Blanche et Colette parviennent à maintenir de force leurs compagnons dans l'embarcation, jusqu'à ce que la tentation s'éloigne.

– **VIVE BLANCHE ! VIVE COLETTE !** Vous nous avez sauvés !

Enfin en sécurité, l'équipage du *Chitanik* profite du bleu de la mer. Ulysse s'offre une petite sieste…

Mais le répit est de courte durée ! Un nouveau danger surgit derrière eux…

Chapitre 6

Le cyclope

Z'YEUX D'OR ! La voile menaçante de son bateau vient d'apparaître à l'horizon ! Les Matouvus se sont lancés à la poursuite des Chabadas. Comment ont-ils pu échapper à Charybde et Scylla et aux chants des sirènes ? Peu importe. Ce n'est pas le moment de se poser la question.

Leur puissante embarcation file sur la mer. Les Chabadas n'ont aucune chance de leur échapper.

– Avoir surmonté tous ces obstacles pour buter contre les Matouvus, ce n'est vraiment pas juste !

– Regarde, Colette, la chance ne nous a pas abandonnés !

Persan montre, droit devant, une île verdoyante et ensoleillée.

– Allons nous mettre à l'abri !

Le Chitanik accoste sur une plage de sable fin. Blanche est émerveillée.

– Mais c'est un véritable petit paradis, ici !

– Ça a l'air désert. C'est louche...

– Tu vois le mal partout, Bogart !

À quelques encablures, le bateau des Matouvus les guette. Il semble hésiter. Pas les Chabadas. Ils laissent Ulysse dormir bercé par les flots, et partent à l'aventure. Plus ils découvrent l'île, plus elle leur fait penser à Chahitak. Quelle douceur de vivre !

– Tiens, un troupeau de moutons. Ils doivent bien appartenir à quelqu'un.

Un tremblement de terre répond à Persan.

Puis des coups lourds et sourds ébranlent le sol.

Le soleil se voile. Un orage éclate.

Un grognement terrible résonne et un géant hideux surgit. Qu'il a l'air féroce avec son œil unique au milieu du front !

– Le cyclope ! C'est le cyclope dont nous a parlé Ulysse !

– Colette, tu veux dire le monstre sanguinaire et solitaire qui ne supporte personne sur son île ?

– Oui, Pym's… **AU SECOUUUURS !**

Le cyclope furieux vient de rafler d'une main tous les Chabadas. En deux pas de géant, il les emporte au fond de sa grotte, où rôtissent déjà une douzaine de moutons. Il se frotte le ventre.

– Je crois que nous sommes son prochain repas.

– Je crains que tu aies raison, Bébert. On se jette sur lui ?

Blanche et Colette ont une meilleure idée que Bogart.

Elles s'approchent tout doucement du géant, respirent un grand coup et lui parlent.

Il grogne mais les écoute.

– Monsieur le cyclope, nous devons vous prévenir que le Chabadas, même rôti, n'a pas très bon goût.

Le géant grogne et fait la moue.

– Le Chabadas est bien meilleur avec un délicieux Bouillon Vermillon.

Le géant grogne et fait des signes. Bébert traduit.

– Je crois qu'il vous demande de préparer le bouillon.

Toujours grognant, le cyclope attache Pym's, Bogart, Persan et Bébert à une broche, et laisse partir Blanche et Colette.

Elles filent cueillir du raisin sauvage et reviennent avec une mixture que le cyclope semble trouver fort à son goût. Il en boit tant et tant qu'il s'endort en ronflant comme un volcan.

Colette et Blanche libèrent aussitôt leurs amis.

– Vite, sauvons-nous !

Les Chabadas rejoignent au pas de course *Le Chitanik*.

Mais une mauvaise surprise les attend…

Chapitre 7

Retour à Chahitak ?

Le Chitanik a coulé !

Pas vraiment, pas encore ! Mais la coque du bateau est percée.

Sûrement un vilain cadeau des Matouvus.

Les Chabadas s'activent pour le réparer au plus vite.

Pas facile. La mer se déchaîne. D'immenses gerbes submergent le bateau.

Puis soudain, il se met à pleuvoir d'énormes rochers !

C'est le cyclope furieux qui les lance du plus haut sommet de l'île. Heureusement, le Bouillon Vermillon fait encore effet : son œil unique voit trouble.

Ouf ! les Chabadas ont fini leurs réparations.

Le Chitanik peut s'échapper, poussé vers la haute mer par des vents favorables.

– Et maintenant, quelle nouvelle aventure avez-vous envie de vivre les Chabadas ?

La réponse à la question d'Ulysse jaillit d'un trait.

– Nous voulons rentrer à Chahitak !

– Alors rentrons !

Sur le chemin du retour, les Chabadas en profitent pour se raconter en boucle les extraordinaires aventures qu'ils viennent de vivre avec Ulysse…

– Moi, ce que j'ai préféré, c'est être un Chabadas volant !

– Sans Blanche et moi, vous étiez dévorés par les sirènes ou le cyclope…

– Oui Colette, on vous doit une fière chandelle ! Mais qu'avez-vous mis dans votre Bouillon Vermillon ?

– **CHUT !** C'est notre secret…

Les Chabadas s'imaginent déjà reçus en héros dans leur douce Chahitak !

Pourtant Pym's a l'air sombre.

– Tu ne dis rien, Pym's, ça ne va pas ?

– Depuis l'île du cyclope, les Matouvus ont disparu… Vous ne trouvez pas ça étrange, les amis ?

– On ne va quand même pas les regretter !

– D'accord, Bogart, mais avec Z'yeux d'or, il vaut mieux rester sur nos gardes.

– Rassure-toi, elle ne peut plus rien contre nous. Regarde, voici enfin notre chère Chahitak !

Les Chabadas ne peuvent s'empêcher d'être émus.

Mais d'un coup, ils sont déçus.

Ils espéraient qu'on se serait précipité au port en apercevant leur voile…

Eh bien, non ! Les quais sont déserts. Juste quelques malheureux qui, en les voyant, courent en hurlant : « Des fantômes ! Des fantômes ! »

Ulysse paraît soudain inquiet.

– J'espère me tromper, les Chabadas, mais j'ai l'impression qu'il se passe quelque chose de très grave, ici.

Ulysse ne se trompe pas.

Les Chabadas découvrent le spectacle le plus effrayant et le plus incroyable de toute leur vie.

Sur le quai, face à eux, sont alignés... des CHABADAS.

Six Chabadas en tous points identiques à eux. Seule différence : ils portent des casquettes ridicules marquées d'un « Z ».

C'est bien ce qu'Ulysse craignait.

– Circé, la magicienne capable de changer l'homme en loup, a transformé les Matouvus en Chabadas !

– **QUOI ?** Qu'est-ce que vous racontez, Ulysse ?

– Tout ça, c'est ma faute, Pym's. Depuis que j'ai repoussé ses avances, Circé ne manque jamais une occasion de se venger. Z'yeux d'or a dû la convaincre de me jouer ce mauvais tour.

– Réglons ça avec une petite bagarre. On va leur montrer ce qu'est un vrai Chabadas !

– Non, Bébert. Je crois avoir une meilleure idée. Venez ! Je vais lui parler.

Ulysse conduit les Chabadas jusqu'au domaine de Circé, perdu au milieu des bois.

– Circé, magicienne des magiciennes, je viens te mettre en garde : Z'yeux d'or t'a trompée !

– Personne ne trompe Circé !

– Suis-moi et je te le prouverai !

– Attention, Ulysse, si tu me mens, je te transformerai en… Matouvus !

Ulysse conduit les Chabadas et Circé à la taverne « Z », où se tient la réunion secrète des faux Chabadas.

Z'yeux d'or en Pym's parle aux Matouvus en Chabadas à casquette.

– Mes amis, nous allons prendre et emporter tout ce qu'il y a de précieux à Chahitak, avant de retourner chez nous. Les Chabadas seront accusés et jetés à la mer. Nous serons vengés ! Cette pauvre Circé ne saura jamais que nous nous sommes moqués d'elle.

Circé se dresse comme une flamme.

– On ne se moque pas de Circé ! Je vais vous transformer en...

– Non, Madame la magicienne, laissez-nous régler ça à notre manière.

Bébert le premier se jette sur la copie de Bébert. Colette sur Colette. Pym's sur Pym's...

QUELLE MÊLÉE !

Les casquettes volent. On ne s'y retrouve plus. Qui est le vrai ? Qui est la copie ?

À la fin, pas de doute : ce qui est écroulé par terre... c'est du Matouvus !

Après toutes ces épreuves, c'est enfin l'heure du banquet final devant la mer !

Les Matouvus servent les Chabadas… déguisés en Matouvus ridicules !

Ça ne fait pas rire Z'yeux d'or.

Ulysse annonce qu'il ne repartira plus jamais de Chahitak. Il y demeurera le reste de son âge avec son épouse Pénélope et son fils Télémaque !

Les Chabadas ne disent mot, car comme le dit le poète :

Quand on a goûté à de telles aventures,
Revenir à la vie ordinaire est bien trop dur...

SUR LES TRACES D'ULYSSE

Ulysse : un héros légendaire

Ulysse est le roi d'Ithaque, une île grecque. À la fin de la guerre de Troie, qui oppose les Grecs aux Troyens, Ulysse prend la mer pour rentrer chez lui. Il a hâte de retrouver sa femme Pénélope et son fils Télémaque. Mais Poséidon, le dieu des Mers, déchaîne de terribles tempêtes ! Elles entraînent Ulysse vers mille dangers…

Homère raconte son voyage dans l'*Odyssée*, un poème écrit au 8ᵉ siècle avant notre ère. Dans l'*Iliade*, il décrit la guerre de Troie.

Une ruse mythique

Pour gagner la guerre de Troie, Ulysse imagine la fameuse ruse du cheval de Troie : il fait construire un cheval de bois géant dans lequel des soldats se cachent. Les Troyens pensent que c'est un cadeau et tirent l'immense statue dans leur ville. À la nuit tombée, les guerriers grecs sortent du cheval pour aller tuer les Troyens !

Nom de Zeus !

Pendant son voyage, Ulysse rencontre de nombreux dieux grecs. En voici quelques-uns :

Athéna : c'est la déesse de la Guerre et de la Sagesse. Elle protège Ulysse contre Poséidon.

Éole : c'est le dieu des Vents. Il accueille Ulysse sur son île, Éolia, et l'aide quand il reprend sa route.

Poséidon : c'est le dieu des Mers. Il veut se venger d'Ulysse, qui a trompé son fils, le cyclope Polyphème.

Zeus : c'est le dieu du Ciel et de la Foudre. Il règne sur l'Olympe, le royaume des dieux. Ulysse fait tout pour obtenir son aide.

Circé, la magicienne

Pendant son voyage, Ulysse rencontre Circé la magicienne, qui transforme ses compagnons en cochons. Grâce à une plante offerte par Hermès (le messager des dieux), Ulysse est protégé contre les sorts de Circé. Il réussit ainsi à vaincre la magicienne et ses amis retrouvent leur apparence humaine.

LE QUIZ D'ULYSSE

Aventuriers, aventurières, répondez à ces questions !

1 **Quel est le surnom d'Ulysse ?**

a. Le roi aux mille ruses.

b. L'aventurier aux cent épées.

c. Le marin aux dix navires.

2 **Quelle est l'arme de Poséidon ?**

a. Un éclair.

b. Un trident.

c. Un arc.

3 **Que signifie l'expression « céder aux chants des sirènes » ?**

a. Nager dans la tempête au milieu des requins.

b. Être charmé par des paroles agréables mais trompeuses.

c. Agir sans réfléchir.

4 Qu'arrive-t-il à celui qui entend le chant des sirènes ?

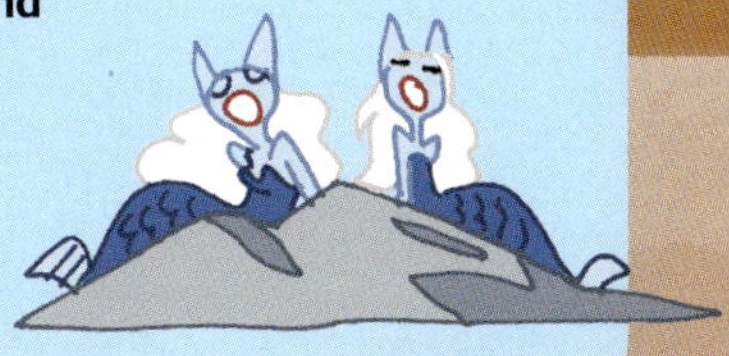

a. Il se jette à l'eau et se noie.

b. Il se transforme en dauphin.

c. Il danse sans fin sur son navire.

5 Que signifie l'expression « tomber de Charybde en Scylla » ?

a. Mettre beaucoup de temps à rentrer chez soi.

b. Perdre l'équilibre plusieurs fois de suite.

c. Échapper à un danger pour tomber sur un autre encore plus grand.

6 Quel est le repas favori des cyclopes ?

a. Du vin et du mouton rôti.

b. Du lait et de la chair humaine.

c. De l'eau de mer et du poisson grillé.

Réponses : 1-a, 2-b, 3-b, 4-a, 5-c, 6-b.

L'auteur

DANIEL PICOULY

Petit, Daniel Picouly a déclaré à sa maman qu'il voulait être champion du monde de football, de boxe, de billes, d'osselets, de pêche aux têtards, de colonie de vacances, de pain-beurre-chocolat, de poirier, de batailles de petits-suisses, de sarbacane, d'arc de Mohican, de chevaliers de la Table ronde, de toupie… Mais comme il n'a pas réussi à être champion du monde de tout ça, il écrit des histoires où il y a… tout ça !

L'illustratrice

COLONEL MOUTARDE

Petite, Colonel Moutarde a déclaré à sa maman qu'elle voulait être « dessinateuse ». C'est chose faite ! Chaque jour, elle met en images de chouettes histoires, sans pour autant bouder les petits plaisirs de la vie : réveiller le chat qui fait la sieste, mettre des bijoux gothiques pour effrayer ses enfants ou s'acheter des tutus !

TABLE DES MATIÈRES

Les Chabadas

Leurs aventures

Pym's, Héros au grand cœur

Z'yeux d'or, Super star

Persan et les Nînchas volants

Bogart contre Charlock'omes

Course-poursuite dans le métro

Love Story à Londres

Défi dans les arènes de Rome

Le Mystérieux Secret de Néfertiti

Branle-bas de combat chez les Gaulois

Les 4 chevaliers au grand coeur

Qui sera le maître du feu ?

Le mystérieux prisonnier de Versailles

La pyramide fantôme

Pour une pépite d'or de plus !

Le Drakkar invincible

IMPRIM'VERT®

Imprimé en France par Chirat – 42540 Saint-Just-la-Pendue
N° d'imprimeur : 201710.0072 - Dépôt légal : novembre 2017
N° d'édition : 41001202-01